R
EI
N

Lesezauber

Erarbeitet von
Heidemarie Dammenhayn, Paul Maar, Borghild Rehak,
Edeltraud Röbe, Gerhild Schenk, Barbara Schütze

Beratung: Wilfried Bütow

Lesezauber

Eine Fibel

mit Reimen und Geschichten
von Paul Maar
und Bildern
von Verena Ballhaus

Volk und Wissen Verlag GmbH

LÖWE
Lama
LAMA
1 MARK

L	a	m	a
L	a	m	i

Alle sollen sich schnell ducken,
denn das Lama wird gleich spucken.

lila Lama
lila …

L l

Das Lama und der Elefant
sind der Alma unbekannt.

A, lila Alma !

lila Li
lila Ali

Der Affe, der Affe,
der turnt an der Giraffe.

A a

M m 

Mäuschen, Mäuschen, komm heraus,
sonst hol ich dich aus deinem Haus!

Mama lila

Oma Lilo

Die Oma und der Opa
sind immer für uns Kinder da.

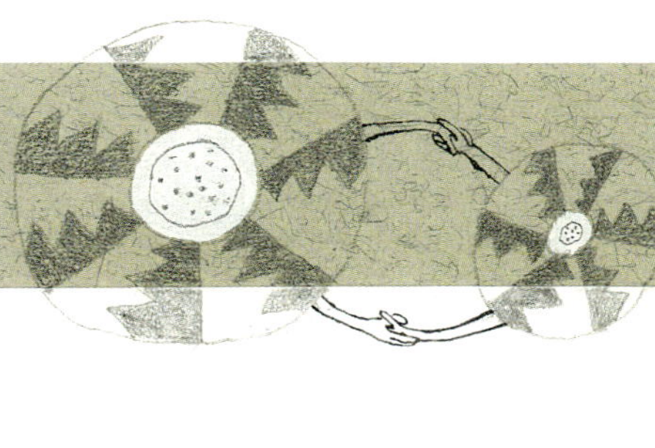

O o

Ali im ...

Li im ...

Oma Lola am ...

… am 	… im 	… am Lama	… im 	Lilo …

Tim 

Tim malt.

Tim malt im .

Tim malt im mit  .

Tom 

Tom malt.

Tom malt Oma.

Tom malt Oma mit ...

Oma malt mit.

T t 

Tiger, Tiger, Tigertatzen,
o, wie können Tatzen kratzen.

Malt mit!

Lilo malt Mama : 

Lilo malt Mama mit  : 

Tilo malt Mama mit  : 

Tim malt : 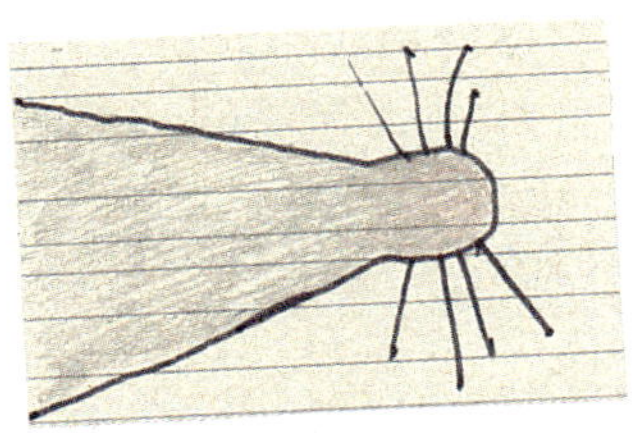

Tom malt : 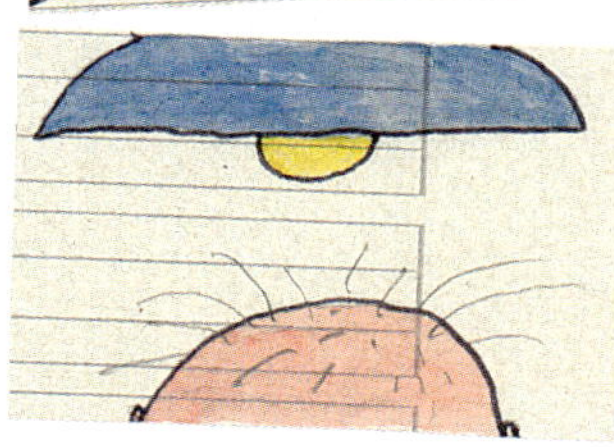

Mama malt : 

Oma malt : 

Lisa

Lisa

Lisa

Lisa

Lisa

Lisa

Lisa + Sams

S s

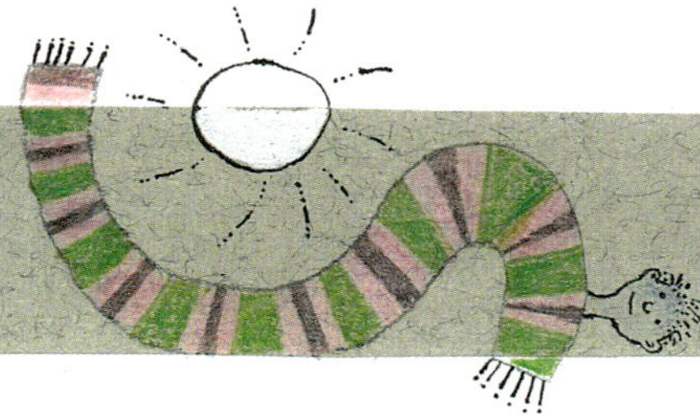

Sonne, Sonne, zeig dich bald,
denn der Lisa ist so kalt.

Isa

Isa ist so. So ist Isa. Isa ist so.

Isa ist mal so, mal so.

Der Igel, der Igel
braucht weder Kamm noch Spiegel.

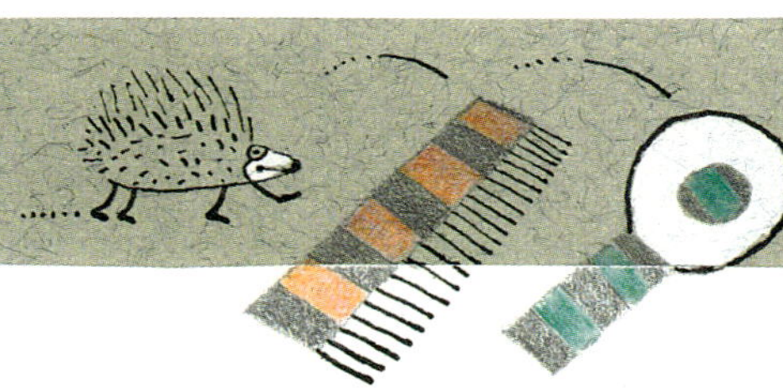

I i

Mimi

Mimi ist mal so, mal so.

So ist Mimi
mit Misi.

Mimi
ist Mama.

Misi ist im
Lisi ist im
Sisi ist im

Mi mi

Mi mi ist im 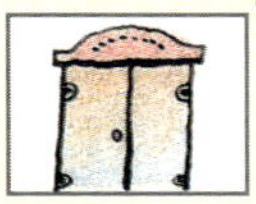

Mi mi malt am 

Li lo malt Sams als 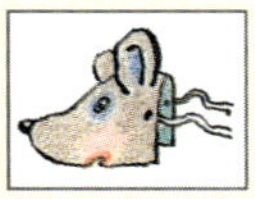

1, 2, 3, los !

1, 2, 3, los !
Los, Tilo ! Los, los !
Isa, Isa !
O, Lilos Mast ist total …
Isa, toll ! Isa ist am ZIEL .
So, Isa ist 1.
Also Lilo ! O, Lilo, Mist !

Mal ist Tom im  .
Mal ist Isa im  .
Mal Lisa, mal Tim.

In Not ?

Ist Nino in Not ?

Lilo ist in Not.

Ist Tino in Not ?

In Not ist …

Das Nashorn, das Nashorn
erkennt man an dem Horn vorn.

N n

Los, Ente, los!

Ente Esel

Ente Esel

Ente Esel

Ente Esel

E e

Die Ente und der Esel,
die hatten einen Streit …

Lesen, malen, lesen

Dino, Dino, Dino !

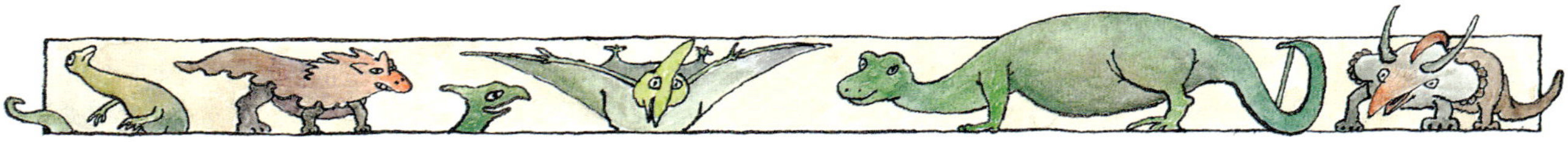

Das sind Dinos damals.

So ist Dino im .

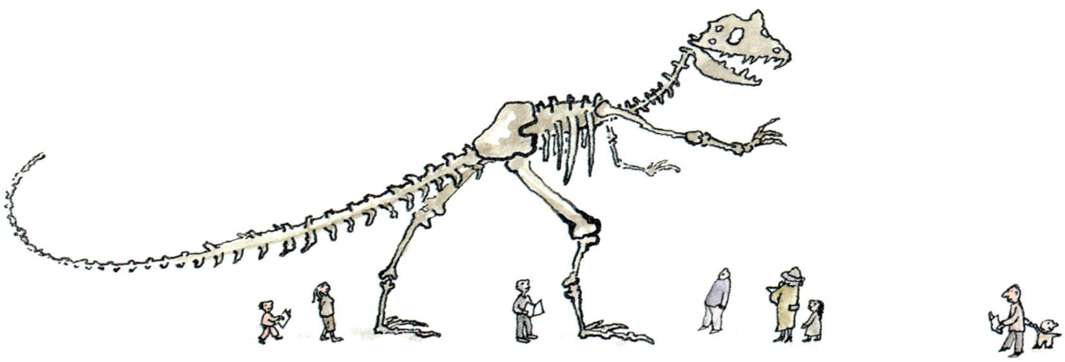

So sind Dinos im  .

Dinos sind im  .

In Ninos  sind Dinos.

Da sind Dinos als  .

Da sind Tassen mit Dinos.

Da sind Dinos als  .

Da und dort ein Dino,
im Haus und auch im Kino.

D d

Eine Meise ? Eine Amsel ?

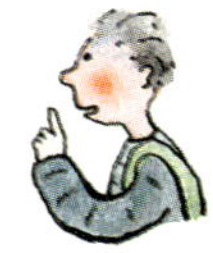

Sei einmal leise.
Da ist eine Meise.

Nein,
das ist eine Amsel.

Das sind Meisen im Nest. Das sind Amseln.

Ei ei

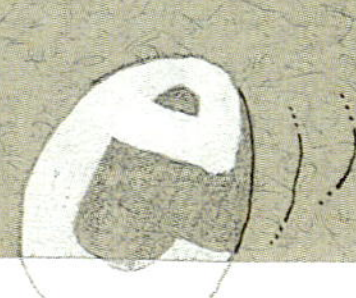

Ei, ei, ei, welch ein Geschrei!
Frau Henne legt ein Ei.

Ein Hase im Ei ?

Ali holt das  .

Ist im Ei ein Hahn ?
Ist im Ei eine Henne ?

Seht einmal.
In dem Ei ist ein  .

Da ist ein  im Ei.

Lisa: Ist ein Hase im Ei?

Isa: In dem Ei ist ein Hase.

Hinter Hansens Hirtenhaus
hab ich hundert Hasen husten hören.

H h

Mit Rad + Roller

Isa hat ein lila Rad.
Oma hat ein altes Rad.
Tante Molli hat ein Rad,
das ist seltsam.
Es ist ein Tandem.

 Isa radelt mit dem lila Rad.

 Oma radelt mit dem alten Rad.

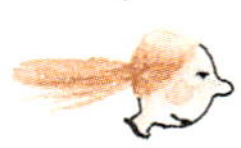 Tante Molli radelt allein
mit dem Tandem.

 Opa Hans nimmt den Roller.

R r

Selten sieht man auf den Straßen
Hasen mit dem Rennrad rasen.

Opa rast los.

Halt, Hans,
da ist der See!

Mein Roller ist hin.

Dein Hemd an den Ast!
Deine Hose an den Ast!
So!

Isa radelt mit dem Rad.
Oma radelt mit dem Rad.
Tante Molli radelt mit dem Tandem.
Mit Hans.

Uhren

Tilo hat eine Uhr,
eine rote runde Uhr.
Seine Uhr ist modern!
Seine Uhr ist toll!

Tilos Uhr summt.

Er hat eine Idee.

Ulla soll ohne Uhr raten:
Ist es 3 Uhr?
Oder ist es 4 Uhr?

U u

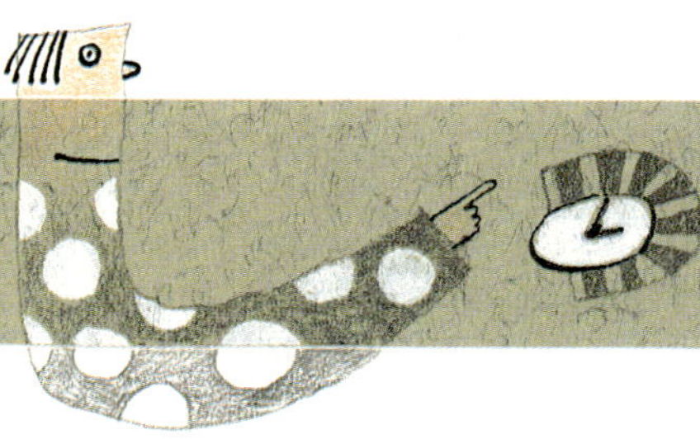

Die neue Uhr von Ute
zeigt Stunde und Minute.

Es ist 7.

So ein Unsinn!

Ulla sieht hin und her.
Ulla sieht den Turm
und sie sieht die Uhr am Turm.

Es ist 3 Uhr
und 4 Minuten.

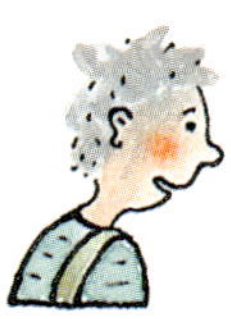

Mann, Ulla!
Das ist toll!

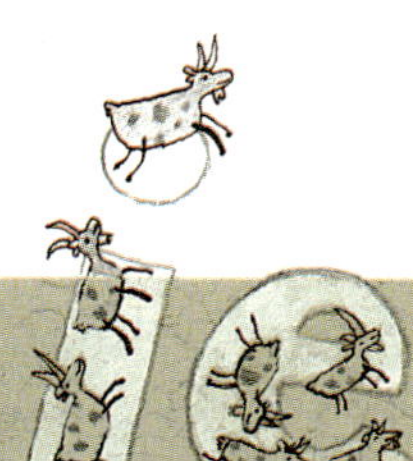

Sieben Fliegen fliegen
hinter sieben Ziegen.

ie

Mal-Salat mit Tieren

Uli malt.
Dann malt Isa.
Nun malt Tom.

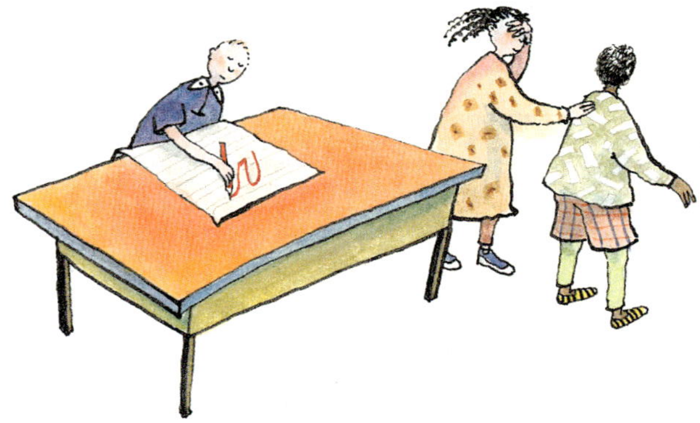

Uli: Es sollte der Hase sein.
Isa: Das sollte der Esel sein.
Tom: Es sollte die Ente sein.

Isa: Es ist der Esel–Enten–Hase.
Tom: Es ist der Enten–Hasen–Esel.
Uli: Es ist die Hasen–Esel–Ente.

Ist das ein Hase?
Ist das eine Ente?

Es ist ein Hase
und eine Ente!

Ratet mit!

Der 

hamstert.

Das  rennt
um den See.

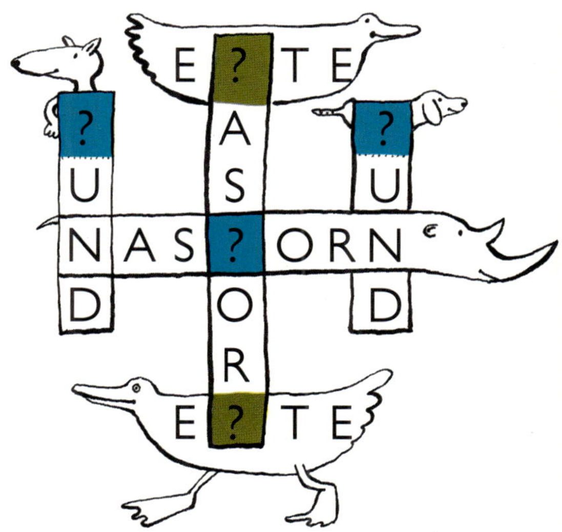

Der  hat ein  …

Alte Fotos

Oma und Uroma
sehen alte Fotos an.

Uroma Frieda
darf einen Film
sehen.

Uroma Frieda
am Radio.

F f

Fuchs,
du hast die Gans gestohlen …

Tiere im Fernsehen

Hat der 
die Gans geholt?
Nein! Sie fliegen alle
am Himmel.

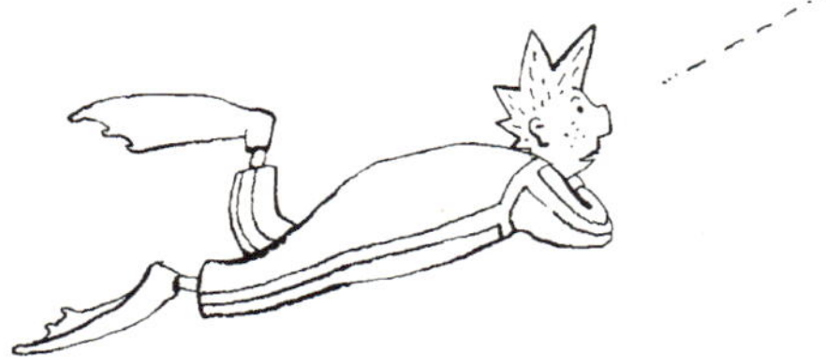

Die Grille hat
eine eigene Geige.

Die Tigerente …

Die Gans ist weg, die Gans ist weg,
da wird der Bauer blass vor Schreck.

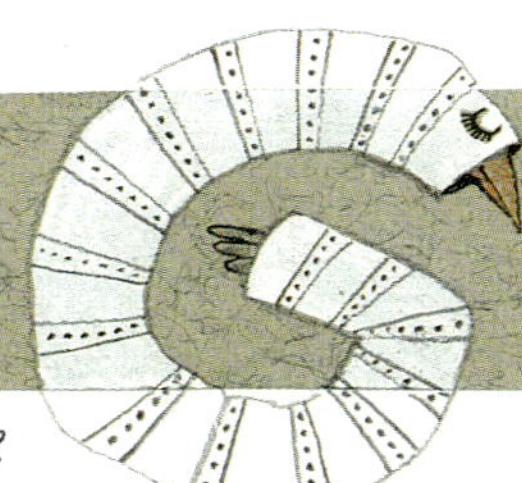

G g

Eine F–Seite

So ein Elefant !

Tilo darf helfen.
Das Lama soll fressen.

Hilfe, der Affe !
Mein Foto !

Ein Fohlen an
der Leine.
Darf Tilo reiten?

Eine G–Seite

Der Affe, der Affe,
der turnt an der Giraffe.

Die Gans, die Gans
ruft ihren Ganter
Hans.

Der Igel, der Igel
der holt nur einen...

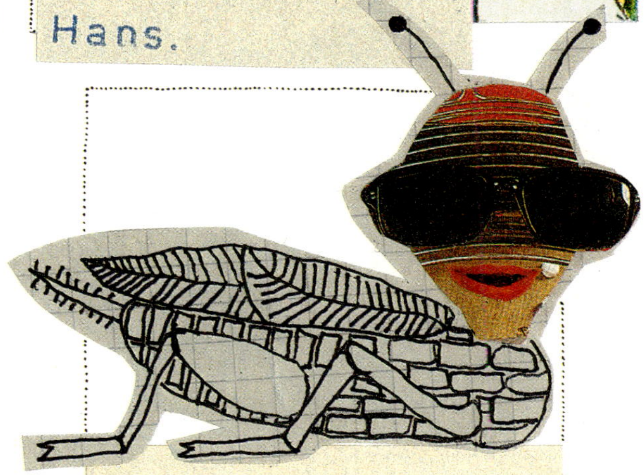

Die Grille, die Grille
geht immer...

Ein Unfall

Die Autos sausen und sausen.
Es ist sehr laut.

Da! Ein Unfall!
Ein Hund ist
ins Auto gerannt.

Alle Autos halten an.
Nun ist es sehr leise.

Mama und Nino
laufen aus dem Haus.
Ist es Hasso?

Au au

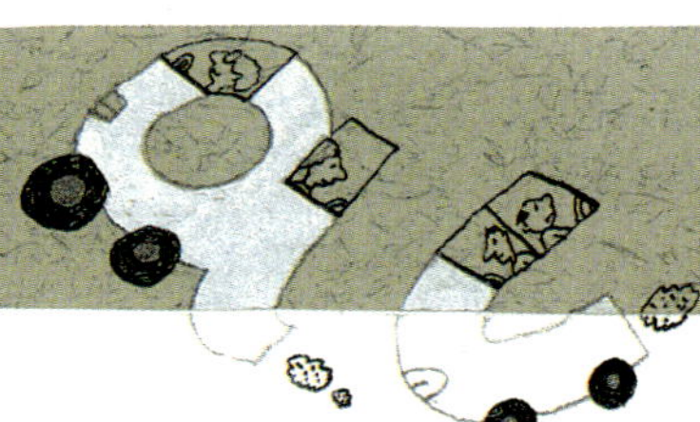

Wenn im Stau die Autos stehen,
ist es schlau, zu Fuß zu gehen.

Es ist Hasso!
O, armer Hasso!
Armer, armer Hund!

Alle sind traurig.
Sie tragen Hasso ins Haus.

Der Fahrer sagt:
Das arme Tier!
Es tut mir leid.
Es tut mir so leid!

Ein Sonntag ohne 

Es ist Sonntag.
Alle aus der Familie
gehen mit auf den Ausflug:
Mama, Papa und Nino.
Nino nimmt seine Puppe mit.
Der Hund Hasso ist an der Leine.

Hasso geht langsam
hinter den dreien her.

P p

Oh, wie peinlich: Paulas Puppe
fiel heut in die Nudelsuppe.

Sie gehen am See entlang.

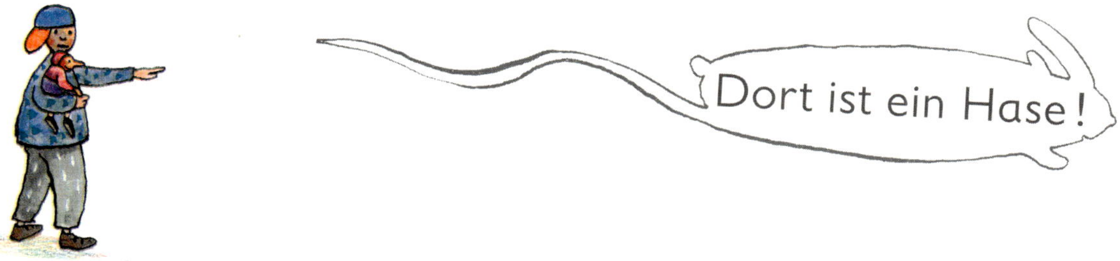

Da hat Hasso den Hasen gesehen.
Er rennt hinter ihm her.

Sie rufen lange und laut.
Der Hund ist fort.

Als sie am Haus sind,
ist der Hund da.
Alle sind froh!

Trari – trara – die Post ist da!

Nino tippt einen 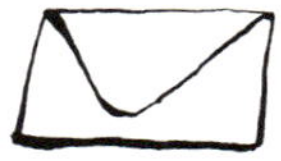 auf der 

.

Hallo, Anita!

Mein Opa Paul ist super.
Er geht mit mir ins Theater,
ins Puppen-Theater.
Gehst du mit?

Dein Nino

Anita tippt einen 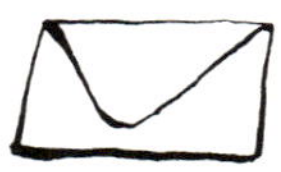 auf dem 

.

Hallo, Nino,

mein Papa hat nein gesagt.
Und meine Mutti hat gesagt:
Geh nur mit!
Papa sagt so. Mutti sagt so.

Deine Anita

Puppentheater

Sie gehen
in das Haus hinein.
Dort sehen sie
einen Raum mit Puppen.
Das sind Marionetten.

Frau Holle

: Ach, hole uns heraus, hole uns heraus!

Mädchen: Ich? Nein, ich doch nicht!

: Hole uns herunter! Alle Äpfel sind reif!

Mädchen: Ich? Nein, ich doch nicht!
Soll mir ein Apfel auf die Nase fallen?

Frau Holle: Hilf mir im Haus, Mädchen!
Dann geht es dir gut.

Mädchen (leise): Ich helfe ihr,
dann erhalte ich auch Gold.

ch  Das Mädchen aus dem Märchen denkt,
dass man es gleich mit Gold beschenkt. ä

Am 1. Tag half das Mädchen noch.
Am 2. Tag half es nur noch selten.
Am 3. Tag half das Mädchen gar nicht mehr.

Frau Holle: Geh nach Hause!
Da hast du deinen Lohn.

Frau Holle machte das Tor auf.
Und herunter fiel Pech.

Hahn: …

Eine blaue Brille

„Boris, lies bitte!“

„Der Bi, Biler? Äh?
Ich sehe das nicht gut.“

„Boris, ich glaube,
du brauchst eine Brille.“

Und so sieht Boris den Biber
mit seiner blauen Brille.

B b

Dem Biber, dem Biber,
dem wär ’ne Säge lieber.

Hallo, hören Sie ?

Boris besucht seine Oma.
Oma macht nicht auf.
Ob sie ihn nicht hört ?
Endlich öffnet Oma.

„Mir geht es nicht gut.
Ich habe Fieber."

„Ich rufe lieber Dr. Löbe an."

„Ist das eine Sieben – oder eine Eins ?
Ich brauche meine Brille."

„Hallo, hören Sie ?
Meiner Oma geht es nicht gut.
Sie braucht Hilfe, bitte.
Flötengasse 10, bei Böhme."

Möwen lassen sich nicht stören,
wenn sie schöne Töne hören.

Ö ö

Kinder können …

Kinder können …

Sachen gibt es, Sachen,
die kann Nicki sehr gut machen.
Nick kann sehr gut Kuchen kaufen.
Nick kann auf den Händen laufen.
Und im See, da hat er Mut,
tauchen kann der Nick sehr gut.

K k

Kleine Kinder können keine
kleinen Kirschkerne knacken.

ck

Der Tag beginnt

Bäcker backen Brot und Brötchen.

Guten Morgen und guten Appetit!
MORGEN ZEITUNG
MORGEN ZEITUNG

Ein Schaf im Bett

Markus kann einfach nicht einschlafen.
Er hat schon alles probiert:

ein schönes Schlaflied gesungen,
Reime aufgesagt,
Rätsel erfunden,
im Bett getobt.

Da kommt Mama und sagt:
„Denke dir Schafe am Himmel."

1 Schaf, 2 Schafe, 3 Schafe …

Markus ist schon bei hundert.
Und da?
Ein kleines dickes Schaf
kommt näher und näher
und kuschelt sich in sein Bett …

Sch sch

Schlaf, Kindchen, schlaf,
der Vater hüt' die Schaf …

Du fehlst uns

Wolkenkino

Wolken wandern am Himmel.
Schau genau hin.
Mit Wolken kann man Geschichten erfinden.
...

Dabei sind Wolken nur kleine Wassertröpfchen.
Sie schweben in der Luft.
Der Wind pustet sie weiter.

W w

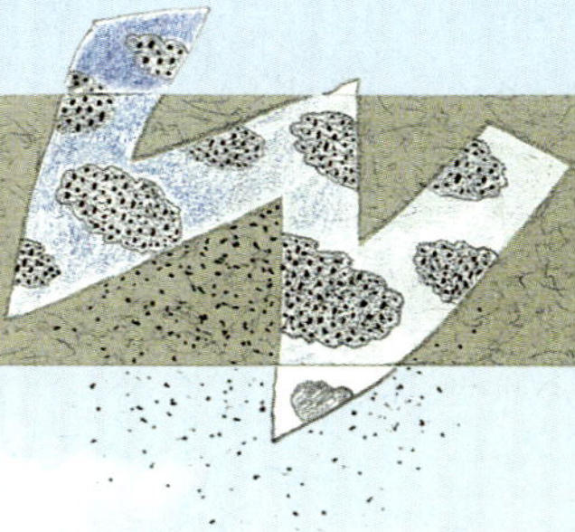

Tropft aus Wolken Regenwasser,
werden wir wahrscheinlich nasser.

Reime mit und ohne

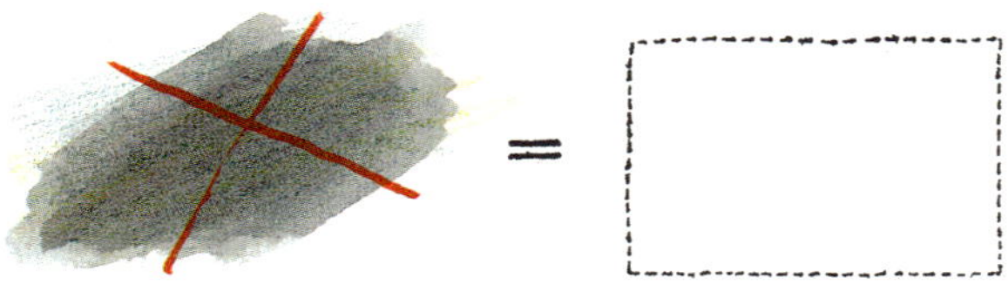

Kalt ist nicht heiß –
grau ist nicht weiß.

Grau ist nicht weiß –
ein Schaf ist keine Geiß.

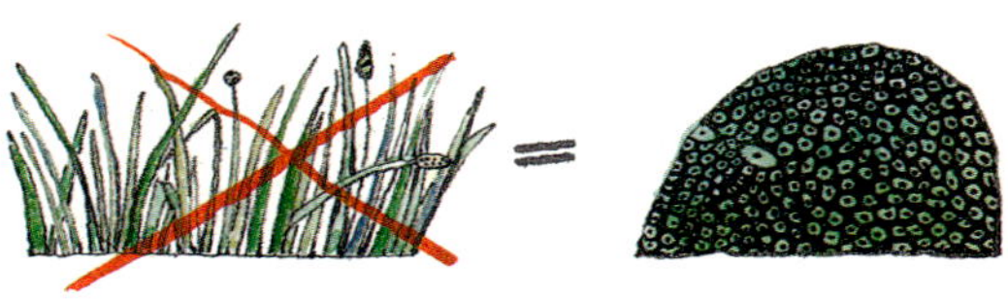

Klein ist nicht groß –
Gras ist kein Moos.

Groß ist nicht klein –
Bier ist kein W… .

Eckig ist nicht rund –
….

Breit ist nicht schmal –
…..

ß

Wenn zwei Fliegen sich begrüßen,
streicheln sie sich mit den Füßen.

Es war einmal

Auf einem großen Hof
war mal ein kleines **und**.
Es traf ein großes **H**,
da wurde es ein …

Es war einmal ein **T**
in einem leeren **RAUM**.

Aus dem **T** kamen auf einmal
Tiger, Tintenfische und Tausendfüßer.
Nun war das **T** nicht mehr allein
im **RAUM**.

Ob die Geschichte wahr ist?
Nein, es war ein **TRAUM**!

Tilo und Opa

Die Schule ist aus.
Es regnet.
Opa wartet an der Tür
mit einem großen Regenschirm.

„Du hast aber einen netten Opa“,
sagt Frau Krüger.
Tilo schüttelt den Kopf.
„Das ist kein netter Opa.
Das ist ein doofer Opa“,
sagt er.

Tilo flüstert Opa ins Ohr:
„Bei der müssen wir aufpassen.
Mein Bild hat ihr auch so gut gefallen.
Und dann hat sie gebettelt
und gebettelt.
Bis ich es ihr geschenkt habe.“

Ü ü  Alle Elefanten müssen den Rüssel heben, wenn sie küssen.

Lilo und Oma

Oma hat sich
ein Fahrrad gekauft.
Ein Rennrad.
Und einen Helm.

Oma fährt sehr schnell.
Lilo schämt sich.
Richtige Omas düsen nicht
auf Rennrädern herum.
Richtige Omas haben
auch keine Helme auf.

Willi sagt: „Die Frau ist toll.
Wie ein Rennfahrer.“

Nun sieht Lilo es auch,
Oma ist eine richtige Rennfahrerin.
„Das ist meine Oma!“, ruft sie
und rast hinter Oma her.

Und wer im Januar geboren ist

Und wer im **Januar** geboren ist,
tritt ein, tritt ein, tritt ein!
Der macht im Kreis einen tiefen Knicks,
recht fein, recht fein, recht fein!
Mädel, dreh dich, Mädel, dreh dich,
ei, hop-sas-sas-sa!
Junge, dreh dich, Junge, dreh dich,
ei, hop-sas-sas-sa!

Und wer im **Juni** geboren ist,
…

Und wer im **Juli** geboren ist,
…

Bildet einen Kreis und singt das Lied!
Wer in dem Monat geboren ist,
geht in die Mitte, macht einen tiefen Knicks
und dreht sich.

So hat es Oma schon gelernt.

J j

Der Januar, der Januar
kommt immer vor dem Februar.

So können wir das Lied auch singen:

Und wer im **Januar** geboren ist,
tritt ein, tritt ein, tritt ein!
Er hüpft im Kreis auf einem Bein,
recht fein, recht fein, recht fein!
Mädel, hüpfe, Mädel, hüpfe,
ei, hop-sas-sas-sa!
Junge, hüpfe, Junge, hüpfe,
ei, hop-sas-sas-sa!

Die Geburtstagskinder denken sich aus,
wie sie sich im Kreis bewegen wollen.

Auch so können wir das Lied singen:

Und wer ein **J** im Namen hat,
...
Und wer eine **Jeans** mit Nieten hat,
...
Und wer ...

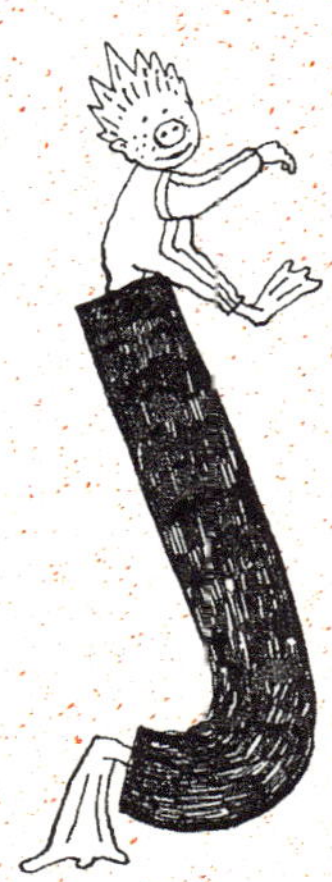

Lisa hat einen Vogel

Lisa hat einen kleinen Papagei.
Ihr Vogel heißt Hansi.
Jeden Tag, wenn Lisa von der Schule kommt,
öffnet sie den Käfig und lässt Hansi heraus.

Eines Tages, als Hansi gerade
auf den Vorhang geflogen ist,
kommt Papa herein.
„Wie riecht es denn hier?“, fragt er
und öffnet das Fenster.
„Vorsicht!“, schreit Lisa und schließt es schnell.

Hansi war schon losgeflattert.
Nun prallt er gegen die Scheibe
und guckt verdattert.
Wie gut, dass Lisa viel schneller war als Hansi.

V v

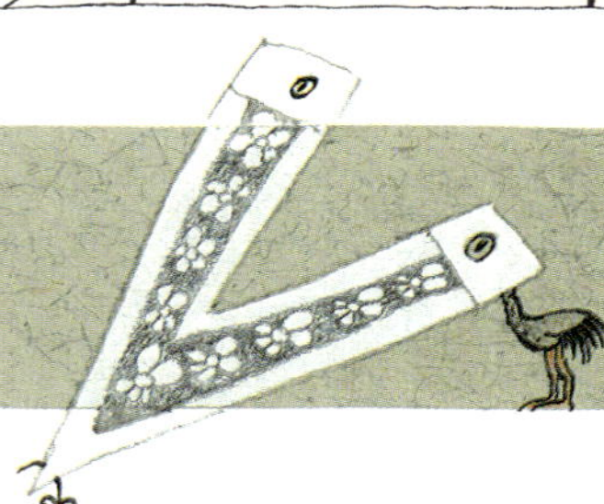

Vor Ostern schmückt der Vogel Strauß
sein Haus mit vielen Veilchen aus.

Eulen

Schnee-Eulen
fangen ihre Beute am Tage,
oft eine Wühlmaus,
manchmal einen Hasen
oder eine Ente.

Die Schleier-Eule
fängt ihre Beute in der Nacht,
mal eine Feldmaus,
mal eine Fledermaus
oder einen Frosch.
Am Tage verbirgt sie sich
in einer Scheune,
in einer Ruine,
in einer Burg
oder in einem Turm.

Die Eule, die Eule
nimmt Abschied mit Geheule.

Eu eu

Geburtstag

Liebe Ulla
Am Samstag
habe ich
Geburtstag.
Ich lade dich ein.
Kommst du um 3 Uhr?
dein Freund
Markus

Wenn nur schon Samstag wäre!

Ich bastle gleich ein Geschenk für Markus.

Ich freue mich – freue mich – freue mich!

Geschenke für Markus

Ich nehme Knete,
die an der Luft trocknet.
Daraus forme ich einen Igel.
Mit einem Stift bohre ich Löcher
in seinen Rücken und stecke
Buntstifte hinein.
Das sind seine Stacheln.

Am Meer habe ich einen tollen Stein
gefunden. Mit einem Loch.
So ein Stein heißt Hühnergott.
Durch das Loch ziehe ich ein Lederband.
Dann ist es eine Kette.

Ob Markus diese Kette trägt?

Stefan sammelt ständig Steine,
Paul und Steffi sammeln keine.

St st

Spiele für die Feier

Bilder-Geschichten

Jeder Mitspieler malt
drei Bildchen.
Nun werden sie umgedreht
und gut gemischt.
Als Erste nimmt Lisa drei Bildchen:

Lisa macht eine lustige Geschichte
mit Tilos Wespe, Toms Oma
und Ullas Uhr.

Spiegel-Bilder

Ein Kind spielt Spiegel.
Ein anderes Kind
stellt sich vor den Spiegel
und bewegt sich.
Das Spiegel-Kind muss alles
genau nachmachen.

Sams
schaut in den Spiegel
und lacht,
ob der Spiegel
das Gleiche macht?

Sp sp

Spiegel spiegeln eitle Pfauen,
die gern in den Spiegel schauen.

Speisen für die Feier

Markus hat für seine Gäste
einen Speise-Plan vorbereitet.

Das Streifen–Zebra

Ein Zebra stand
einmal am Fluss
und sah ins Wasser
mit Genuss.

Wie gerne würd
es übersetzen,
ohne sich dabei
zu benetzen.

Ganz vorsichtig
ging es hinein …
und stolperte
auf einem Stein!

Da kam die Freundin,
die Gazelle,
an diesen Fluss,
an diese Stelle,

und konnte sich's
dann nicht verkneifen:
nutzte den Freund
als Zebra–Streifen.

Ein Zebra ohne Zebrastreifen
ist wie ein Auto ohne Reifen.

Z z

Träume, Peterle, träume

Leise, Peterle, leise,
der Mond geht auf die Reise.
Er hat ein weißes Pferd gezäumt,
das geht so still, als ob es träumt.
Leise, Peterle, leise!

Stille, Peterle, stille,
der Mond hat eine Brille.
Ein graues Wölkchen schob sich vor,
das sitzt ihm grad auf Nas und Ohr.
Stille, Peterle, stille!

Träume, Peterle, träume,
der Mond guckt durch die Bäume.
Ich glaube gar, nun bleibt er stehn,
um Peterle im Schlaf zu sehn.
Träume, Peterle, träume!

äu

Affen fallen, wenn sie träumen,
manchmal schlafend von den Bäumen.

Träume-Peter

Über Wald und Feld und Schneise
fliegt ein Auto, leicht und leise.

Auf der Wolke überm Haus
steigen sieben Kuckucks aus.

Und des Nachbars kleine Schweine
trocknen auf der Wäscheleine.

Rechts davon am Waldessaum
schläft die Kuh im Birkenbaum.

Kunzes kleiner Dackelhund
ist ganz eckig und nicht rund.

Auf der Wiese blühen Glocken
und vom Himmel regnet's Socken.

Und der Hahn kräht viertel acht,
Träume-Peter aufgewacht!

H. Rousseau

Leise begann der Mond seine Reise.
Er stieg den Abendhimmel hinauf.
Er stieg hinauf bis zu den Sternen
und schaute hinunter auf die Erde.
Da sah er …

Es waren einmal drei Wolken:
eine   , eine
und eine   …

Sie waren lange im Wald gegangen.
Nun wurde es dunkel …

Ein Nachmittag im Zirkus

Die Vorstellung beginnt.
Erst kommt ein Cowboy
mit sechs Pferden.
Dann sind die Clowns dran.
Der kleine Peter sagt:
„Der kleine Clown hat Creme im Gesicht."
Tilo lacht: „Nein, das ist Schminke!"

Die Clowns wollen in einem Hut Kuchen backen.
Ein Clown fragt: „Welches Kind kommt zu uns
und rührt den Kuchenteig um?“

Lilo traut sich.
Sie geht durch den schmalen Gang nach unten.
Sie bekommt einen riesigen Kochlöffel in die Hand.
Der passt gar nicht in den Hut.
Alle Zuschauer lachen.
Aber Lilo ist schlau.

Sie dreht den Kochlöffel einfach um
und rührt mit dem Stiel.
„Bravo!“, rufen alle Clowns.
„Applaus für das Mädchen!“

Lilo geht wieder auf den Platz zurück.
„Echt gut, Lieselotte!“, flüstert Tilo.

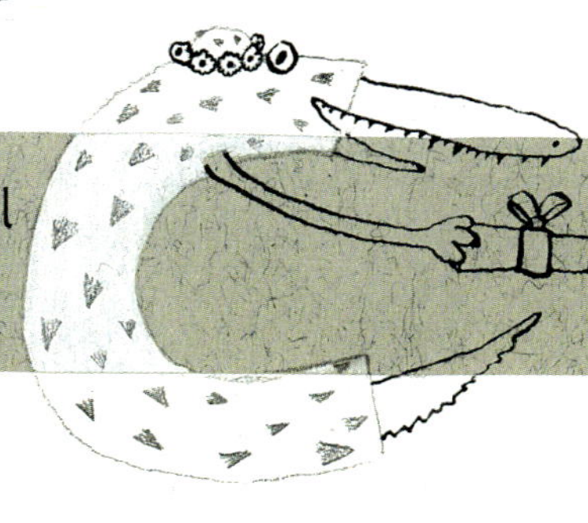

Der Clown, der schenkt dem Krokodil
zur Hochzeit ein Computerspiel.

C c

Fuchs, du hast die Gans gestohlen

Fuchs, du hast die Gans gestohlen,
gib sie wieder her!
Gib sie wieder her!
Sonst wird dich der Jäger holen
mit dem Schießgewehr.

Vorsicht!

Der Fuchs geht um,
der Fuchs geht um,
geht um
den heißen Brei herum.

Der Dachs geht um,
…

chs

Wenn die kleinen Dachse wachsen,
werden sie zu großen Dachsen.

Der Dachs

Der Dachs
schreibt hier bei Kerzenlicht
für seine Dächsin
ein Gedicht.

Der Dachs hat Streifen im Gesicht.
Den argen Winter mag er nicht.
Im März schaut er aus seinem Loch
und grunzt: „Jetzt kommt der Frühling doch!"

Der eine frisst, der andre nascht

Sie heißen beide gleich,
die beiden, die ich meine.
Der eine heißt ganz einfach so,
zum andern sagt man: der Kleine.

Mäuse frisst der eine,
auch Hasen (wenn er sie kriegt).
An Blüten nascht der Kleine,
der durch den Sommer fliegt.

Herr Quassel, der Erfinder

Herr Quassel hat einen seltsamen Beruf.
Herr Quassel ist nämlich Erfinder.
Er hat schon viele Sachen erfunden:

Eine Brille mit Scheibenwischern
und grünen, süßen Quark
für Kinder, die nicht gern Spinat essen.

Manchmal erfindet er auch
neue Tiere:

Aus einem Warzenschwein
macht er das Kerzenschwein.
Aus dem Elefant
macht er den Telefant.
Aus dem Walross
macht er ein Knallross.
Aus der Feuerqualle
macht er …

Diese Tiere erfindet er
nicht wirklich.
Er zeichnet sie.

Qu qu

Einer Qualle, einer Qualle
geht so mancher in die Falle.

Hier sind seine neuesten Erfindungen:

Colabär

Spritzmaus

Schirmpanse

Trommeldar

Grashorn

Manchmal macht Herr Quassel einfach nur Faxen.
Dann erfindet er neue Tiernamen und stellt sich vor,
wie diese Tiere aussehen.

Xangotier

Yok–yok

X x

Das Xangotier, das Xangotier,
das gibt's nicht.
Drum erfind ich's hier.

Dem Yok, dem Yok
steht weder Hut
noch Rock.

Y y

Lesen, lesen, lesen,  *lesen,* lesen!

Hannes liest gern …

Verlegen blickt der Bär mich an,
und schließlich brummt er mir ins Ohr:
„Du weißt doch, dass ich nicht lesen kann.
Liest du mir eine Geschichte vor?“

Ätsch

Jule wird bald sieben Jahre alt.
Ihr Bruder Simon wird bald neun.
Simon ist einen halben Kopf
größer als Jule.
Aber er ist nicht schlauer als sie!

Simon pfeift auf zwei Fingern.
Ganz laut!
Jule zuckt zusammen.

„Tja, Jule“, sagt Simon,
„so etwas kannst du nicht.
Dafür bist du zu klein.“

„Angeber“, sagt Jule
und pfeift durch ihre Zahnlücke.
Ganz leise.
Ganz schön!

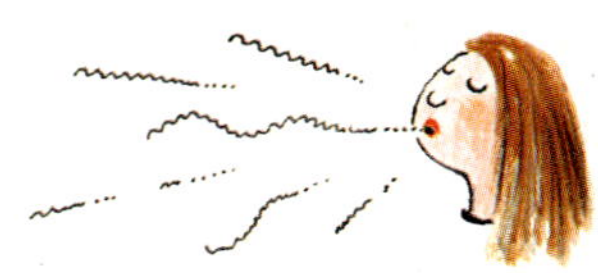

Simon hat keine Zahnlücke mehr.
Keine einzige.
„Ätsch!“, sagt Jule.
„Dafür bist du zu groß.“

Die kleine Raupe Nimmersatt

Nachts, im Mondschein,
lag auf einem Blatt ein kleines Ei.
Und als an einem schönen Sonntagmorgen
die Sonne aufging, hell und warm,
da schlüpfte aus dem Ei – knack –
eine kleine hungrige Raupe.
Sie machte sich auf den Weg …

Wie das Bild von der kleinen Raupe Nimmersatt entstanden ist:

Kleine Bücher zum Vorlesen und Selberlesen

Die Geschichte vom Sams

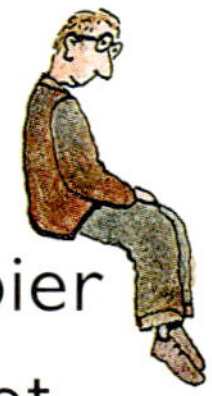

Es ist Samstag.
Der schüchterne Herr Taschenbier
sitzt in seinem Zimmer. Er wartet.

„Diese Woche war wirklich sehr merkwürdig“,
sagt er. „Das kann kein Zufall sein!

Am Sonntag schien die Sonne.
Am Montag kam mein Freund, Herr Mon.
Am Dienstag hatte ich Dienst.
Am Mittwoch war Mitte der Woche.
Am Donnerstag kam ein Gewitter,
es hat den ganzen Donnerstag gedonnert.
Und am Freitag hatte ich frei.
Heute ist Samstag. Ich bin so gespannt,
was heute passiert.“

Lange muss Herr Taschenbier nicht warten,
da kommt das Sams.

Welcher Abend fängt schon am Morgen an?

Der Sonnabend

Ein lustiges Kerlchen wiedertreffen

Das Sams hat knallrote Haare,
eine Rüsselnase und das ganze Gesicht
voller blauer Punkte.

Es sagt einfach „Papa“ zu Herrn Taschenbier
und beschließt bei ihm zu bleiben.
Ob das Herr Taschenbier gut findet?
Das Sams ist nämlich ganz anders als er.
Es ist kein bisschen schüchtern,
sondern sehr frech, sehr laut und sehr lustig.

Und es kann sogar dichten.

Keiner weiß,
wie ich heiß.
Furchtbar dumm
stehn sie rum.
Keiner weiß,
wie ich heiß.

Möbelbeine,
Mauer-St,
Jackenkragen,
Kinder-W,
Taschentuch und Hut

schmecken mir so g.

und mit ihm reimen

Ich kann schon zählen: 1, 2, 3

Hier lernt der kleine Tiger
etwas rechnen und Pilze zählen.

„Jetzt zählen wir
mal Fische, ja!“,
sagt der kleine Bär.
„Ich gehe angeln.“

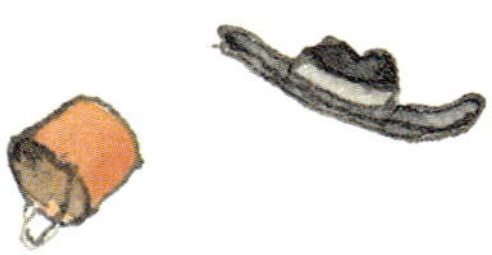

„Wie viele Fische
habe ich gefangen?“,
fragt der kleine Bär.
„19“, sagt der kleine Tiger.
„Falsch gezählt.“
Es sind nämlich …

„Ich schenke euch
das Leben, Fische.“

Geschichten lesen

„Wir bauen einen
Pferdewagen“,
sagt der kleine Bär.
„Dafür brauchen wir:
4 Räder, 1 Hammer.
Aber wer kann die Nägel zählen?“

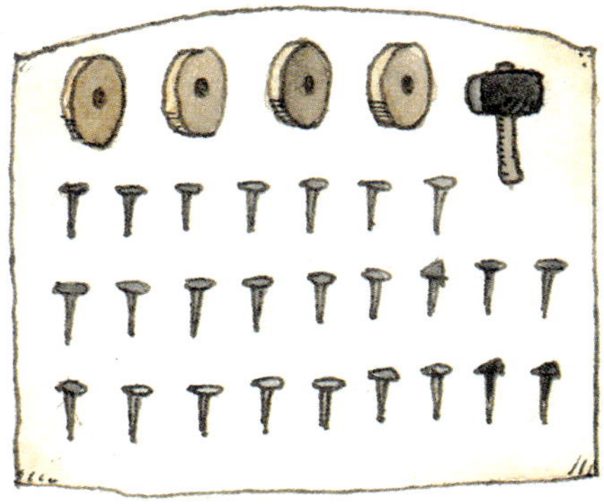

„Ich“, ruft der kleine Tiger:
„1 – 2 – 3 – 4 – 5 – 6 – 7
8 – 9 – 10 – 11 – 12 – 13
14 – 15 – 16 – 17 – 18 – 19
20 – 21 – 22 – 23 – 24 – 25.“
„Richtig gezählt.“

„Ich bin das Pferd
und ich ziehe dich,
weil du mein Freund bist.“

„Wir können zählen 1, 2, 3.
Mein Freund, der Bär,
und ich sind zwei.“

und richtig zählen

Ich habe so ein rotes Gesicht,
weil ich wütend bin.
Ich habe keinen Mund,
weil ich die Luft anhalte und nicht reden will.

Mit blauer Farbe habe ich gemalt,
weil ich einen Fisch als Sternzeichen habe.
Meine Mutti erzählt mir gerade,
dass es in meinem Zimmer regnet.

Weil ich *ich* bin

Ich atme ein, ich atme aus.
Die Luft geht rein, die Luft geht raus.

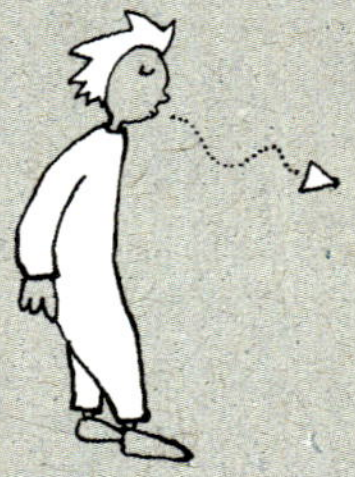

Ich gehe vorwärts, Schritt für Schritt.
Ein Fuß geht mit dem andern mit.

Schaut mal, hier freue ich mich!
Gleich werde ich wütend, meine Mutti
hat schon wieder Verspätung
und ich sitze auf dem Stuhl und warte.

Auf meinem Bild regnet es Frösche.
Mein Bild ist verrückt.
Ich habe mir eine Brille gemalt,
weil ich gerne eine Brille haben will.

Ich denke so leise, so für mich,
weil ich *ich* bin,
bin ich *ich*.

Bilder angucken
und Bilder machen

Manchmal wär ich gern

Manchmal wäre ich gern eine Akrobatin,
weil ich dann immer viel Applaus kriegen würde.
Außerdem kriegt der Zirkus dann viel Geld
und mir würde es auch bestimmt viel Spaß machen.

Maria

Manchmal wär ich gern ein Vogel.
Dann könnte ich in der Luft fliegen
oder auf einem Ast sitzen.
Und dann könnte ich schön singen.

Stephan

Manchmal wäre ich gern ein Zauberer.
Immer, wenn ich Hunger habe,
zaubere ich mir was ins Bett.
Und meine Eltern merken nichts.
Und immer, wenn meine Eltern ins Bett gehen,
zaubere ich mir einen Fernseher her.

Marco

Träumen und sich verwandeln,

Manchmal wäre ich gern eine Königin
und könnte alles so machen, wie ich will.
Ich möchte gern eine Königin sein,
weil Steffi und Susi mich manchmal ärgern.

Jana

Manchmal wär ich gern ein Auto
und würde jeden herumfahren,
weil es Spaß macht.
Dann würde ich richtig parken können
ohne nach hinten zu schauen.

Patrick

Manchmal wäre ich gern eine schöne Dame,
weil dann immer die langen Haare so gut
hochzustecken sind. Und weil man dann
immer so schön angeben kann.

Stefanie

kleine Geschichten erzählen und Bilder machen

Leo zittert

Mia sitzt erschrocken im Bett.
Ein lautes Krachen hat sie geweckt.
Das Haus wackelt.
Was ist los?

Mia horcht.
Fenster und Türen klappern.
Der Wind pfeift und heult.
Es wird hell
und wieder dunkel.
Dann kracht es
ein paarmal sehr laut.

Ein Gewitter tobt draußen.
Und Mama und Papa
sind nicht zu Hause!
Was soll Mia bloß machen?

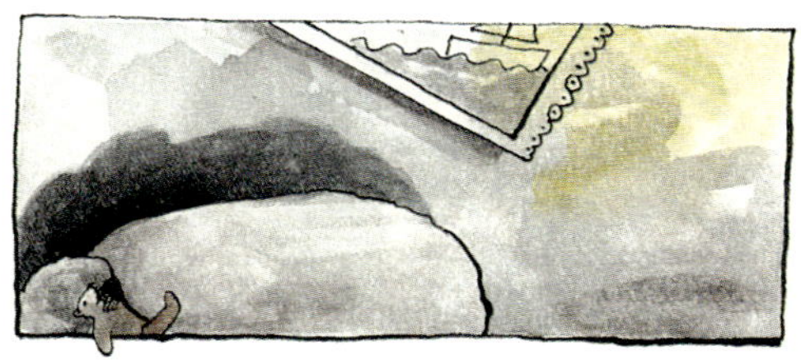

Da geht die Tür auf.
Leo kommt herein.
„Hast du Angst?“, fragt er.
Mia nickt.
Das sieht Leo nicht.

„Schläfst du etwa?“,
fragt er leise.
Mia schüttelt den Kopf.
Das sieht Leo auch nicht.

Er setzt sich auf Mias Bett.
Er zittert!

„Hast du Angst?“,
fragt Mia erstaunt.
„Ach, was“, sagt Leo.
„Mir ist nur saukalt.“
„Mir auch“, sagt Mia.
„So kalt war mir noch nie!“

„Weißt du was?“, sagt Leo
und steht auf.
„Zu zweit ist es wärmer.
Kommst du mit?
Mein Bett ist größer als deins.“

„Gute Idee“, sagt Mia
und sammelt ihre Schlaftiere ein.
Die müssen auch mit.
Keiner soll frieren!

Katze und Maus

Das Spiel „Katze und Maus“
spielen die Kinder in vielen Ländern.
Sie nennen es auch
„Spinne und Fliege“ oder
„Tiger und Ziege“.

Die goldene Brücke

Ziehe durch, ziehe durch,
durch die goldne Brücke.
Der Erste, der Zweite,
der Dritte muss gefangen sein.

In Bolivien singen die Kinder:

Zieh vorbei mein Schifflein,
der Letzte will gefangen sein.

Abzählreime

Eine kleine
Mickimaus
ging ins Rathaus,
Rathaus krachte,
Mickimaus lachte,
...

In Italien sagen die Kinder diesen Reim:

Alla larga
alla stretta
Pinocchio
se ne andò.

(Pinocchio
fuhr weg.)

Das ist ein Abzählreim aus Spanien:

Cuatro patas
tiene un gato,
una, dos,
tres, cuatro.

(Vier Pfoten
hat eine Katze,
eins, zwei,
drei, vier.)

Welche Spiele könntet ihr mit einem Stein spielen?

Peter und Pummel

Pummel wurde in einem alten Wäschekorb
unter einem Stuhl geboren.
Kaum war er geboren, da kriegte er
eine kleine dunkelbraune Schwester.
Dann bekam er einen grauen Bruder
mit weißem Bauch.
Dann einen weißen Bruder
mit braunen Beinen.
Er selber war hellbraun
und sah aus wie eine kleine Wurst.

Pummels Mama war sehr lieb
und kuschelig.
Den ganzen Tag durften die kleinen Hunde
an ihrem weichen Bauch liegen
und so viel Milch trinken, wie sie wollten.
Sie war so eine Mama,
die nie richtig böse werden konnte.
Und wenn sie ihre Kinder einmal biss,
dann biss sie nur ganz zart.
Danach schleckte sie die Kleinen wieder ab.

Pummel fühlte sich sehr wohl
in dem Wäschekorb.
…

Aber eines Tages griff eine Hand in den Korb.
„Den hier nehme ich!“, sagte eine Stimme
und dann plumpste Pummel
in etwas hinein …

In einer grün karierten Tasche
wurde er fortgetragen –
hinaus in die große unbekannte Welt.

Pummel weinte.
Er sehnte sich nach seiner warmen Mama.
Er sehnte sich nach seinen kleinen Geschwistern
und nach dem Wäschekorb.

Pummel soll essen.
Pummel will nicht essen.
Pummel soll trinken.
Pummel will kein Wasser trinken.
Pummel will immer nur weinen.
Pummel will nach Hause zu seiner Mama.

Dann kam Peter …

Was Peter und Pummel
alles erleben,
könnt ihr in dem Buch
„Peter und Pummel“ lesen.

Gute Freunde

Er läuft mit mir,
er springt mit mir,
treibt's manchmal auch recht bunt.
Er ist das allerschönste Tier,
es ist mein kleiner Hund.

Warum wedeln Hunde mit dem Schwanz ?

Wenn sie sich freuen,
wedeln Hunde
mit dem Schwanz hin und her.
Wenn sie jedoch böse sind,
richten sie ihn auf.
Und wenn ein Hund Angst hat,
dann klemmt er seinen Schwanz
zwischen die Beine.

Warum machen Katzen einen Buckel ?

Wenn eine Katze
wütend ist oder Angst hat,
macht sie einen Buckel,
damit sie größer aussieht.

Und wie freut sich eine Katze?

Mäuschen

Mäuschen
ist gestorben.

Oh! Armes
Mäuschen.

Und du hast es
so lange gehabt.

Ich bin auch
traurig.

Es war alt

und krank.

Es musste
einmal sterben.

Ich bin so
unglücklich.

Mäuschen
war komisch

und so lustig.

Du wirst uns fehlen,
Mäuschen.

Wir raten Märchen

Meine lieben Kinderlein,
sprach die Ziegenmutter,
ich muss in den Wald hinein,
hol euch frisches Futter.

Hinter dem siebten Berge
steht ein kleines Haus.
Drin wohnen sieben Zwerge,
ein Mädchen schaut heraus.

War eine Hexe,
ein Weiblein krumm und alt,
hatte ein Häuschen
im tiefen, finstern Wald.

Die gute Frau im Wolkenhaus,
sie schüttelt ihre Betten aus.
Dann fallen Flocken ohne Zahl
herab auf Wiesen, Feld und Tal.

Die große Rübe

Der Großvater hatte ein Rübchen gesteckt und gesagt:
„Wachse, mein Rübchen, wachse, werde süß!
Wachse, mein Rübchen, wachse, werde fest!“
Das Rübchen wuchs und wurde süß und fest
und groß – riesengroß.

Der Großvater geht, die Rübe zu ziehen.
Er zieht und zieht –
er kann sie nicht herausziehen.
Da ruft der Großvater die Großmutter.
- Die Großmutter fasst den Großvater,
- der Großvater fasst die Rübe.

Sie ziehen und ziehen –
sie können sie nicht herausziehen.

Da ruft die Großmutter das Enkelchen.
Das Enkelchen fasst die Großmutter,
die Großmutter fasst den Großvater,
der Großvater fasst die Rübe.
Sie ziehen und ziehen –
sie können sie nicht herausziehen.

Da ruft das Enkelchen das Hündchen.
Das Hündchen fasst das Enkelchen,
das Enkelchen fasst die Großmutter,
die Großmutter fasst den Großvater,
der Großvater fasst die Rübe.
Sie ziehen und ziehen –
sie können sie nicht herausziehen.

Da ruft das Hündchen das Kätzchen.
Das Kätzchen fasst das Hündchen,
das Hündchen fasst das Enkelchen,
das Enkelchen fasst die Großmutter,
die Großmutter fasst den Großvater,
der Großvater fasst die Rübe.
Sie ziehen und ziehen –
sie können die Rübe nicht herausziehen.

Da ruft das Kätzchen das Mäuschen.
Das Mäuschen fasst das Kätzchen,
das Kätzchen fasst das Hündchen,
das Hündchen fasst das Enkelchen,
das Enkelchen fasst die Großmutter,
die Großmutter fasst den Großvater,
der Großvater fasst die Rübe.
Sie ziehen und ziehen – und heraus ist die Rübe.

Frühling

Roller aus dem Keller,
Katze aus dem Haus,
Blüten aus den Knospen,
alles kommt heraus.

Vorgestern fiel der erste Schnee
von Wolke auf die Straße,
und wen er traf,
dem tat's nicht weh
besonders auf der Nase.

Winter

Sommer

Schmetterlinge schweben nieder,
summen hier und summen dort.
Summen ihre stillen Lieder,
kommen her und schwirren fort.

Die Blätter fallen
von den Bäumen,
weil Blätter auch
vom Fliegen träumen.

Herbst

Lilo und Nino sammeln 
und Tannen-Nadeln.
Lilo nimmt den  .

Ihr Blätter, wollt ihr tanzen?

Tim und Li nehmen 
und malen damit.

Wind, Wind, Wind, Wind,
fröhlicher Gesell …

Schnee-Spuren-Bilder

Bald nun ist Weihnachtszeit

Herr Nikolas, Herr Nikolas,
bring mir zum 6. Dezember was!
Ich stell auch Vaters Schuh vors Fenster,
denn meinen find ich viel zu klein.
Gelt, Nikolaus, du tust was rein?

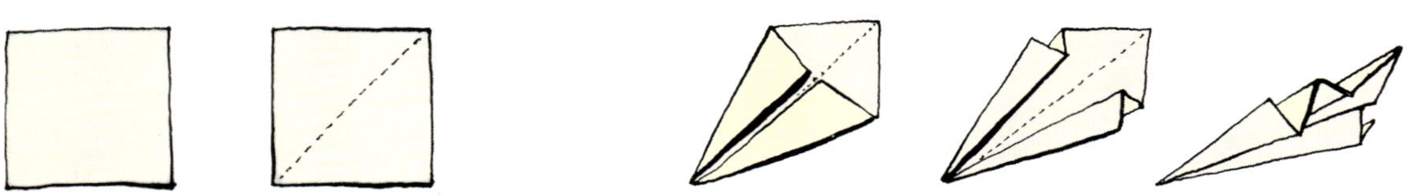

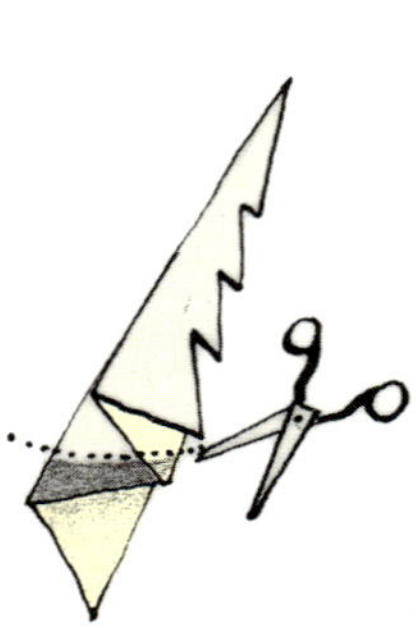

Welch ein Jubel, welch ein Leben
wird in unserm Hause sein!
Einmal werden wir noch wach,
heißa, dann ist Weihnachtstag!

Die Nacht vor dem Heiligen Abend,
da liegen die Kinder im Traum.
Sie träumen von schönen Sachen
und von dem Weihnachtsbaum.

Ein grüner Turm

Die Kinder der 1. Klasse bauen einen Turm,
der jeden Tag grüner wird. Wie die Bäume im Frühjahr.

Wie das geht? So:
Erst bringen alle Kinder runde Gefäße mit.
Markus bringt eine Papptonne,
in der mal Bausteine waren.
Anita bringt einen Kochtopf.
Ali bringt ein Einmachglas.
Ulla bringt eine leere Gemüsedose.
Li bringt ein Wasserglas.

Nun werden alle Gefäße ineinander gebaut
und mit Sand gefüllt.
Das gibt einen Turm,
der nach oben immer kleiner
und schmaler wird.

Ist der Turm fertig, säen die Kinder
Kresse in den Sand.
Kresse wird schnell immer größer.
Man muss nur jeden Tag gießen.

Bald ist der Turm ganz grün
und sieht fast aus wie …

Wie viel Ostereier
sind im Gras versteckt?
Wie viel Osterhasen
hast du schon entdeckt?

Wie viel Kinder sehen
sich nach Nestern um?
Wie viel Vögel hüpfen
auf dem Weg herum?

Wie viel große Leute
gucken aus dem Haus?
Diese Stubenhocker
kommen nicht heraus!

Kuckuck, Kuckuck,
ruft's aus dem Wald ...

Die Sommerhose

Lilo sucht ihre Lieblingshose.
Sie hat sie schon lange nicht mehr angehabt.

Mama hat gesagt:
„Die darfst du erst wieder anziehen,
wenn es draußen warm ist.
Das ist eine Sommerhose."

Heute ist es warm.
Der erste richtige Sommertag.
Lieselotte schlüpft in die Hose.
Aber was ist denn das?
Die Hose ist kürzer geworden!
Im letzten Jahr ging sie bis zu Lilos Füßen.
Jetzt ist sie viel zu kurz.
„Papa, meine Hose ist kürzer geworden!",
ruft Lilo.
Papa lacht: „Nein, die Hose ist so geblieben,
wie sie war.
Aber du bist größer geworden."

Die Sonne macht den Himmel weit,
ich brauch ein neues Sommerkleid.

„Ich habe gar nicht gemerkt,
dass ich gewachsen bin.“
„Alles wächst“, sagt Papa.
„Die Bäume, die Blumen und auch du.
Komm mal her und stell dich an die Tür!“

Papa macht über Lilos Kopf einen Strich.
„An dem Strich sieht man, wie groß du jetzt bist
und wie viel du im letzten Jahr gewachsen bist“,
erklärt er.
„Nächsten Sommer machen wir einen neuen Strich.
Dann sehen wir, wie du wieder gewachsen bist.“

„Und jetzt machen wir für dich einen Strich“,
ruft Lilo.
Papa sagt: „Das lohnt sich nicht.
Wenn man erwachsen ist, wächst man nicht mehr.
Aber für Tilo werden wir auch gleich
einen neuen Strich machen.“

Inhalt

* Gedichte und Reime

Quellen

S. 15 nach *Maar, Paul:* Dem Igel ... In: Sonne, Mond und Sterne. Hamburg: Verlag Friedrich Oetinger 1983
S. 21 *Maar, Paul:* Das Nashorn ... In: Ebd.
S. 46 *Maar, Paul:* Dem Biber ... In: Ebd.
S. 57 *Grasso, Mario:* Es war einmal. In: Heute tanzt der Tangobär. Weinheim und Basel: Beltz und Gelberg 1989
S. 58-59 nach *Nahrgang, Frauke:* In: Lene und Peter packen aus. München: Dt. Taschenbuch Verlag 1994
S. 60-61 Volksgut
S. 64 nach *Aliki:* Die Geburtstagseinladung. In: Gefühle sind wie Farben. Weinheim und Basel: Beltz Verlag 1992
S. 68-69 *Schober, Michael:* Das Streifenzebra. Erlangen: Boje Verlag GmbH 1994
S. 70 *Dehmel, Paula:* Leise, Peterle, leise (Träume, Peterle, träume). In: Die Wundertüte. Stuttgart: Philipp Reclam jun. 1990
S. 71 *Buschmann, Wolfgang:* Träume-Peter. In: Albert´s bunte Bilderbude, Band 2. Berlin: Der Kinderbuchverlag 1989
S. 76 *Maar, Paul:* Vorsicht! In: Dann wird es wohl das Nashorn sein. Weinheim und Basel: Beltz Verlag 1988
S. 77 *Moser, Erwin:* Der Dachs schreibt hier bei Kerzenlicht. Weinheim und Basel: Beltz Verlag 1987
S. 77 *Guggenmos, Josef:* Der Dachs hat Streifen im Gesicht. In: Was denkt die Maus am Donnerstag. München: Deutscher Taschenbuch Verlag 1992
Guggenmos, Josef: Der eine frisst, der andre nascht. In: 2 mit 4 Beinen. Weinheim und Basel: Beltz Verlag 1990
S. 80 *Maar, Paul:* Hannes liest gern. In: Anne will ein Zwilling werden. München: Deutscher Taschenbuch Verlag 1994
S. 81 *Wittkamp, Frantz:* Verlegen blickt der Bär mich an. In: Die Wundertüte. A.a.O.
Steinwart, Anne: Ätsch! In: Mensch, Jule! Würzburg: Benziger Edition im Arena Verlag 1995
S. 82 *Carle, Eric:* Die kleine Raupe Nimmersatt. (Auszug) Hildesheim: Gerstenberg 1995
S. 86-87 *Janosch:* Ich kann schon zählen (gekürzt). Zürich: Diogenes Verlag 1988
S. 88 *Glatz, Helmut:* Weil ich *ich* bin. In: Die Wundertüte. A.a.O.
S. 92-93 *Steinwart, Anne:* Leo zittert. In: Von wegen, sagt Mia. München: Dt. Taschenbuch Verlag 1994
S. 96-97 *Lindgren-Enskog, Barbro:* Peter und Pummel (Auszug). München: Dt. Taschenbuch Verlag 1993
S. 98 Gute Freunde. Warum wedeln Hunde mit dem Schwanz? In: Kleine und große Tiere. Aus der Serie: Lernen ist lustig. Amsterdam: Time-Life Bücher 1990
S. 99 *Aliki:* Mäuschen. In: Gefühle sind wie Farben. A.a.O.
S. 101-103 *Tolstoi, Alexej:* Das Rübchen In: Hähnchen Goldkämmchen. Berlin: Der Kinderbuchverlag
S. 104 *Schweiggert, Alfons:* März (gekürzt). In: Kinder erleben das Jahr. Herrsching: Schuler Verlag o. J.
Berner, Rotraut Susanne: Vorgestern fiel der erste Schnee. In: Engel & anderes Geflügel 2. Ein Adventskalender zum Malen, Basteln und Schnippeln. Reinbek: Rowohlt Taschenbuch Verlag 1995
S. 105 Schmetterlinge schweben nieder. Volksgut. In: Das Insel-Buch für Kinder. Frankfurt a. M.: Insel Verlag 1979
S. 105 *Johansen, Hanna/Bhend, Käthi:* Die Blätter fallen von den Bäumen ... In: Die Hexe zieht den Schlafsack enger. Zürich/Frauenfeld: Verlag Nagel & Kimche 1995
S. 108 Herr Nikolas (gekürzt). In: Die schönsten Kinderreime. Herrsching: Manfred Pawlak Verlagsgesellschaft 1989
S. 109 *Reinick, Robert:* Die Nacht vor dem Heiligen Abend. In: Engel & anderes Geflügel. Ein Adventskalender zum Malen, Basteln und Schnippeln. Reinbek: Rowohlt Taschenbuch Verlag 1994
S. 111 *Schweiggert, Alfons:* Wie viel Ostereier. In: Kinder erleben das Jahr. A.a.O.
S. 112 *Johansen, Hanna/Bhend, Käthi:* Die Sonne ... In: Die Hexe zieht den Schlafsack enger. A.a.O.

Geschichten von Paul Maar für diese Fibel auf den Seiten: 28/29, 30/31, 33 oben, 38/39, 40/41, 47, 49, 62, 64 oben, 66, 74/75, 78/79, 84/85, 107, 110, 112/113

Verse von Paul Maar für diese Fibel auf den Seiten: 8, 14, 28, 30, 31, 38, 40, 44, 47, 54, 56, 58, 60,62, 65, 66, 69, 70, 75, 76, 78, 79

Bildquellen

S. 6 Bildagentur Mauritius
S. 9 *Ungerer, Tomy:* Ausstellungskatalog, © 1981 argo press, Köln
S. 16 Fotos: Superbild Berlin
S. 25 Foto: Museum für Naturkunde Berlin, *Harre*
S. 25 Foto: *Herschel, Holger.* Berlin
S. 26 Bildagentur Mauritius
S. 27 Fotoagentur: *Lade, Helga.* Berlin
S. 34 Archiv für Kunst und Geschichte. Berlin
S. 35 Fotoagentur: *Lade, Helga.* Berlin
Carle, Eric: Die kleine Grille singt ihr Lied. Hildesheim: Gerstenberg 1991
Tigerente SDR/BSN
S. 41 Bildagentur Mauritius
S. 50 Foto: Superbild Berlin
S. 51 *Roland de la Porte, Henri Horace:* Die kleine Mahlzeit, 18. Jh. Paris, Musee du Louvre. Foto: Archiv für Kunst und Geschichte. Berlin
Illustration nach Saul Steinberg
S. 54/55 Bildagentur Mauritius
S. 63 Bildagentur Mauritius
S. 65 Foto: *Herschel, Holger.* Berlin
S. 65/68/69 *Schober, Michael:* Das Streifenzebra. Erlangen: Boje Verlag 1994
S. 72/73 *Rousseau, Henri:* Ein Abend im Karneval, 1886. Philadelphia (USA), Bildarchiv Preußischer Kulturbesitz
S. 74 *Mills, Bertram:* Circus, Dudley Hardy, Clown. 1920
S. 77 Bildarchiv *Lange, Harald.* Leipzig
S. 80 *Ludwig Grimm:* Aschenputtel. In: Kinder- und Hausmärchen, 1825
S. 82/83 *Carle, Eric:* Die kleine Raupe Nimmersatt. Hildesheim: Gerstenberg 1995. Fotos: *Estrada, Sigrid*
S. 86/87 *Janosch:* Ich kann schon zählen (gekürzt). Zürich: Diogenes Verlag 1988
S. 88/89 Kinderselbstporträts Galerie Sonnensegel, Brandenburg. Foto: *Herschel, Holger*
S. 90/91 Fotos: *Herschel, Holger.* Berlin
S. 95 Foto: *Billhardt, Thomas.* Kleinmachnow
S. 108 Foto: *Herschel, Holger.* Berlin
S. 109 Fotoagentur: *Lade, Helga.* Berlin
S. 110 Foto: *Dammenhayn, Erik.* Berlin

Umweltschonendes Papier
chlorfrei

ISBN 3-06-100191-3

1. Auflage
5 4 3 2 1 / 01 00 99 98 97

Alle Drucke dieser Auflage sind unverändert und im Unterricht parallel nutzbar.
Die letzte Zahl bedeutet das Jahr dieses Druckes.

Printed in Germany
Redaktion: Heidemarie Dammenhayn, Barbara Schütze
Bildkonzeption: Verena Ballhaus, Paul Maar, Barbara Schütze
Illustrationen: Verena Ballhaus
Typografische Gestaltung: Gerhard Neitzke, Realisierung: Helga Rose
Reproduktion: P. Decker GbR, Berlin
Druck und buchbinderische Verarbeitung:
H. Heenemann GmbH & Co, Berlin

ZUM

aus